DÉCLARATION DES DROITS DE LA FEMME ET DE LA CITOYENNE

SUIVI DE SUR L'ADMISSION DES FEMMES AU DROIT DE CITÉ

OLYMPE DE GOUGES

Second texte de

NICOLAS DE CONDORCET

ALICIA ÉDITIONS

TABLE DES MATIÈRES

LES DROITS DE LA FEMME À LA REINE

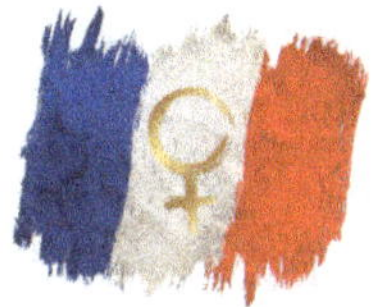

MADAME*,

Peu faite au langage que l'on tient aux Rois, je n'emploierai point l'adulation des Courtisans pour vous faire hommage de cette singulière production. Mon but, Madame, est de vous parler franchement ; je n'ai pas attendu, pour m'exprimer ainsi, l'époque de la Liberté : je me suis montrée avec la même énergie dans un temps où l'aveuglement des Despotes punissait une si noble audace.

Lorsque tout l'Empire vous accusait et vous rendait responsable de ses calamités, moi seule, dans un temps de trouble et d'orage, j'ai eu la force de prendre votre défense. Je n'ai jamais pu me persuader qu'une Princesse, élevée au sein des grandeurs, eût tous les vices de la bassesse.

Oui, Madame, lorsque j'ai vu le glaive levé sur vous, j'ai jeté mes observations entre ce glaive et la victime ; mais aujourd'hui que je vois qu'on observe de près la foule de mutins soudoyée, et qu'elle est retenue par la crainte des

* Olympe de Gouge s'adresse à Marie-Antoinette (1755-1793 ; reine de France)

lois, je vous dirai, Madame , ce que je ne vous aurais pas dit alors.

Si l'étranger porte le fer en France, vous n'êtes plus à mes yeux cette Reine faussement inculpée, cette Reine intéressante, mais une implacable ennemie des Français. Ah ! Madame, songez que vous êtes mère et épouse ; employez tout votre crédit pour le retour des Princes. Ce crédit, si sagement appliqué, raffermit la couronne du père, la conserve au fils, et vous réconcilie l'amour des Français. Cette digne négociation est le vrai devoir d'une Reine. L'intrigue, la cabale, les projets sanguinaires précipiteraient votre chute, si l'on pouvait vous soupçonner capable de semblables desseins.

Qu'un plus noble emploi, Madame, vous caractérise, excite votre ambition, et fixe vos regards. Il n'appartient qu'à celle que le hasard a élevée à une place éminente, de donner du poids à l'essor des Droits de la Femme, et d'en accélérer les succès. Si vous étiez moins instruite, Madame, je pourrais craindre que vos intérêts particuliers ne l'emportassent sur ceux de votre sexe. Vous aimez la gloire : songez, Madame, que les plus grands crimes s'immortalisent comme les plus grandes vertus ; mais quelle différence de célébrité dans les fastes de l'histoire ! l'une est sans cesse prise pour exemple, et l'autre est éternellement l'exécration du genre humain.

On ne vous fera jamais un crime de travailler à la restauration des mœurs, à donner à votre sexe toute la consistance dont il est susceptible. Cet ouvrage n'est pas le travail d'un jour, malheureusement pour le nouveau régime. Cette révolution ne s'opérera que quand toutes les femmes seront pénétrées de leur déplorable sort, et des droits qu'elles ont perdus dans la société. Soutenez, Madame, une si belle cause ; défendez ce sexe malheureux, et vous aurez bientôt pour vous une moitié du royaume, et le tiers au moins de l'autre.

Voilà, Madame, voilà par quels exploits vous devez vous signaler et employer votre crédit. Croyez-moi, Madame, notre vie est bien peu de chose, surtout pour une Reine, quand cette vie n'est pas embellie par l'amour des peuples, et par les charmes éternels de la bienfaisance.

S'il est vrai que des Français arment contre leur patrie toutes les puissances ; pourquoi ? pour de frivoles prérogatives, pour des chimères. Croyez, Madame, si j'en juge par ce que je sens, le parti monarchique se détruira de lui-même, qu'il abandonnera tous les tyrans, et tous les cœurs se rallieront autour de la patrie pour la défendre.

Voilà, Madame, voilà quels sont mes principes. En vous parlant de ma patrie , je perds de vue le but de cette dédicace. C'est ainsi que tout bon Citoyen sacrifie sa gloire, ses intérêts, quand il n'a pour objet que ceux de son pays.

Je suis avec le plus profond respect,

MADAME,

Votre très humble et très obéissante servante,

DE GOUGES.

De gouges

HOMME, ES-TU CAPABLE D'ÊTRE JUSTE ?

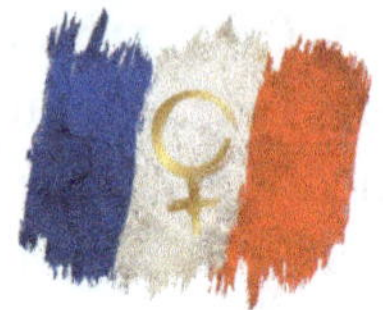

HOMME, es-tu capable d'être Juste ? C'est une femme qui t'en fait la question ; tu ne lui ôteras pas du moins ce droit. Dis-moi ? qui t'a donné le souverain empire d'opprimer mon sexe ? ta force ? tes talents ? Observe le créateur dans sa sagesse ; parcours la nature dans toute sa grandeur, dont tu sembles vouloir te rapprocher, et donne-moi, si tu l'oses, l'exemple de cet empire tyrannique.

*Remonte aux animaux, consulte les éléments, étudie les végétaux, jette enfin un coup d'œil sur toutes les modifications de la matière organisée ; et rends-toi à l'évidence quand il t'en offre les moyens ; cherche, fouille et distingue, si tu le peux, les sexes dans l'administration de la nature. Partout tu les trouveras confondus, partout ils coopèrent avec un ensemble harmonieux à ce chef-d'œuvre immortel.

L'homme seul s'est fagoté un principe de cette exception. Bizarre, aveugle, boursoufflé de sciences et dégénéré, dans ce siècle de lumières et de sagacité, dans l'ignorance

---

* De Paris au Pérou, du Japon jusqu'à Rome, le plus sot animal, à mon avis, c'est l'homme.

la plus crasse, il veut commander en despote sur un sexe qui a reçu toutes les facultés intellectuelles ; il prétend jouir de la révolution, et réclamer ses droits à l'égalité, pour ne rien dire de plus.

DÉCLARATION DES DROITS DE LA FEMME ET DE LA CITOYENNE

D'OLYMPE DE GOUGES, SEPTEMBRE 1791

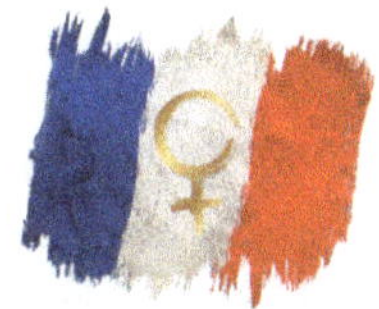

À décréter par l'Assemblée nationale dans ses dernières séances ou dans celle de la prochaine législature.

PRÉAMBULE

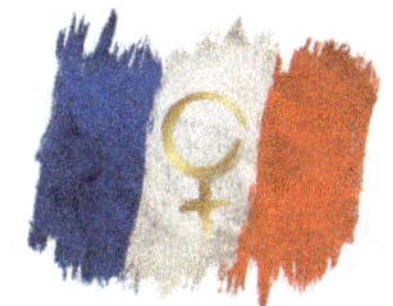

Les mères, les filles, les sœurs, représentantes de la nation, demandent d'être constituées en Assemblée nationale. Considérant que l'ignorance, l'oubli ou le mépris des droits de la femme, sont les seules causes des malheurs publics et de la corruption des gouvernements, ont résolu d'exposer dans une déclaration solennelle, les droits naturels inaliénables et sacrés de la femme, afin que cette déclaration, constamment présente à tous les membres du corps social, leur rappelle sans cesse leurs droits et leurs devoirs, afin que les actes du pouvoir des femmes, et ceux du pouvoir des hommes, pouvant être à chaque instant comparés avec le but de toute institution politique, en soient plus respectés, afin que les réclamations des citoyennes, fondées désormais sur des principes simples et incontestables, tournent toujours au maintien de la Constitution, des bonnes mœurs, et au bonheur de tous.

En conséquence, le sexe supérieur, en beauté comme en courage, dans les souffrances maternelles, reconnaît et déclare, en présence et sous les auspices de l'Être suprême, les Droits suivants de la Femme et de la Citoyenne.

ARTICLE PREMIER.

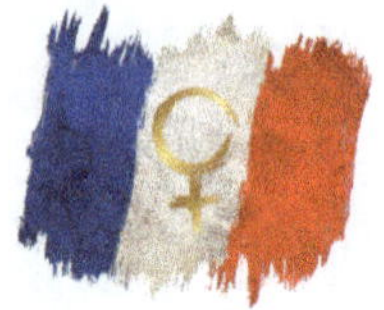

La Femme naît libre et demeure égale à l'homme en droits. Les distinctions sociales ne peuvent être fondées que sur l'utilité commune.

ARTICLE 2.

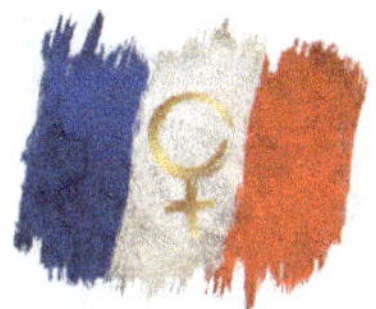

Le but de toute association politique est la conservation des droits naturels et imprescriptibles de la Femme et de l'Homme. Ces droits sont la liberté, la propriété, la sûreté, et surtout la résistance à l'oppression.

ARTICLE 3.

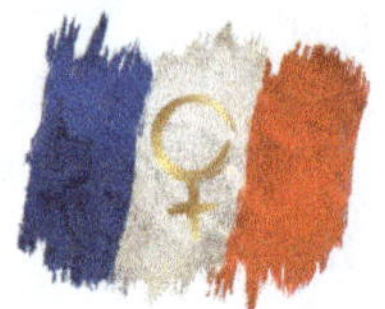

Le principe de toute souveraineté réside essentiellement dans la Nation, qui n'est que la réunion de la Femme et de l'Homme : nul corps, nul individu, ne peut exercer d'autorité qui n'en émane expressément.

ARTICLE 4.

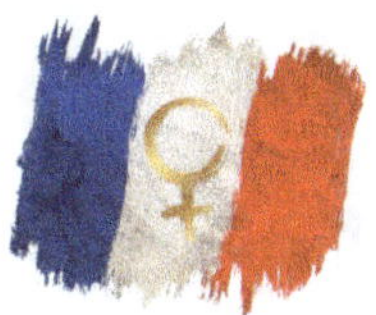

La liberté et la justice consistent à rendre tout ce qui appartient à autrui ; ainsi l'exercice des droits naturels de la femme n'a de bornes que la tyrannie perpétuelle que l'homme lui oppose ; ces bornes doivent être réformées par les lois de la nature et de la raison.

ARTICLE 5.

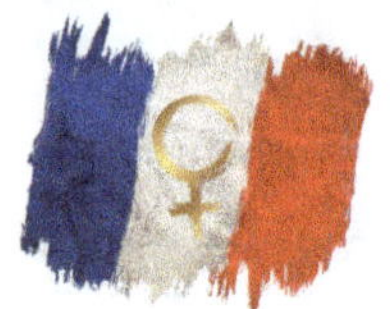

Les lois de la nature et de la raison défendent toutes actions nuisibles à la société ; tout ce qui n'est pas défendu pas ces lois, sages et divines, ne peut être empêché, et nul ne peut être contraint à faire ce qu'elles n'ordonnent pas.

ARTICLE 6.

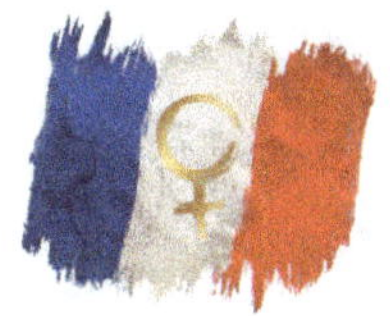

La loi doit être l'expression de la volonté générale ; toutes les Citoyennes et Citoyens doivent concourir personnellement ou par leurs représentants, à sa formation ; elle doit être la même pour tous : toutes les Citoyennes et tous les Citoyens, étant égaux à ses yeux, doivent être également admissibles à toutes dignités, places et emplois publics, selon leurs capacités, et sans autres distinctions que celles de leurs vertus et de leurs talents.

ARTICLE 7.

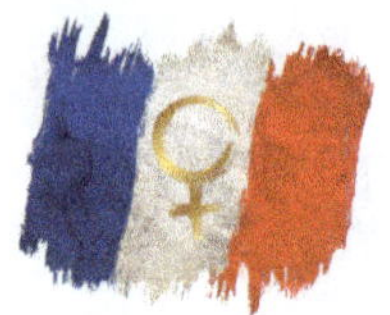

Nulle femme n'est exceptée ; elle est accusée, arrêtée, et détenue dans les cas déterminés par la loi : les femmes obéissent comme les hommes à cette loi rigoureuse.

ARTICLE 8.

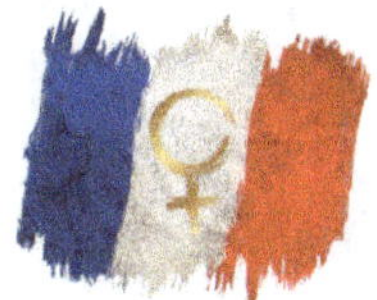

La Loi ne doit établir que des peines strictement et évidemment nécessaires, et nul ne peut être puni qu'en vertu d'une Loi établie et promulguée antérieurement au délit et légalement appliquée aux femmes.

ARTICLE 9.

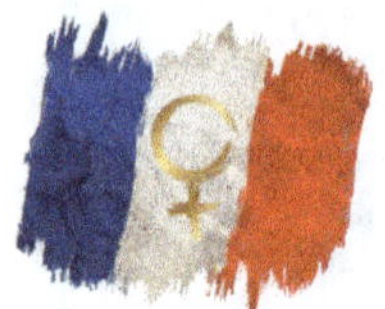

Toute femme étant déclarée coupable ; toute rigueur est exercée par la Loi.

ARTICLE 10.

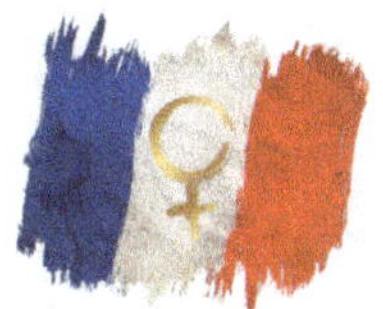

Nul ne doit être inquiété pour ses opinions mêmes fondamentales, la femme a le droit de monter sur l'échafaud ; elle doit avoir également celui de monter à la Tribune ; pourvu que ses manifestations ne troublent pas l'ordre public établi par la loi.

ARTICLE 11.

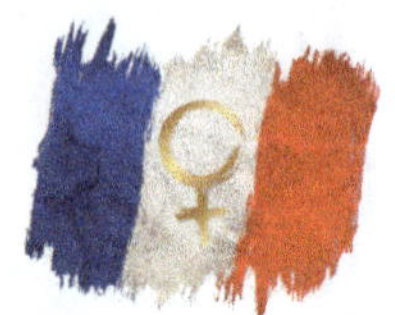

La libre communication des pensées et des opinions est un des droits les plus précieux de la femme, puisque cette liberté assure la légitimité des pères envers les enfants. Toute Citoyenne peut donc dire librement, je suis mère d'un enfant qui vous appartient, sans qu'un préjugé barbare la force à dissimuler la vérité ; sauf à répondre de l'abus de cette liberté dans les cas déterminés par la Loi.

ARTICLE 12.

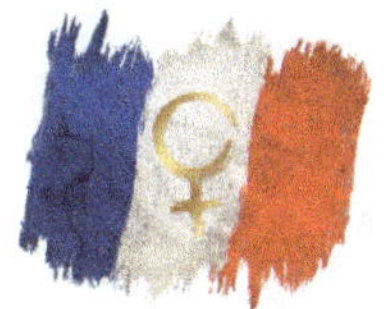

La garantie des droits de la femme et de la Citoyenne nécessite une utilité majeure ; cette garantie doit être instituée pour l'avantage de tous, et non pour l'utilité particulière de celles à qui elle est confiée.

ARTICLE 13.

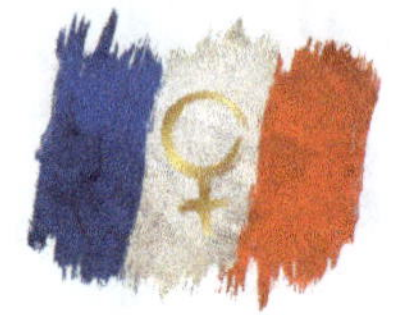

Pour l'entretien de la force publique, et pour les dépenses d'administration, les contributions de la femme et de l'homme sont égales ; elle a part à toutes les corvées, à toutes les tâches pénibles ; elle doit donc avoir de même part à la distribution des places, des emplois, des charges, des dignités et de l'industrie.

ARTICLE 14.

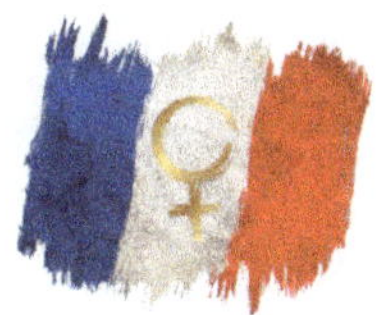

Les Citoyennes et Citoyens ont le droit de constater par eux-mêmes ou par leurs représentants, la nécessité de la contribution publique. Les Citoyennes ne peuvent y adhérer que par l'admission d'un partage égal, non seulement dans la fortune, mais encore dans l'administration publique, et de déterminer la quotité, l'assiette, le recouvrement et la durée de l'impôt.

ARTICLE 15.

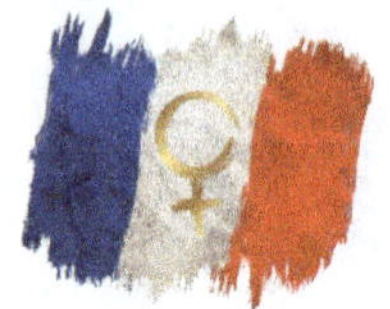

La masse des femmes, coalisée pour la contribution à celle des hommes, a le droit de demander compte, à tout agent public, de son administration.

ARTICLE 16.

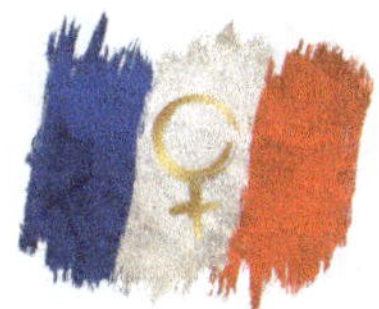

Toute société, dans laquelle la garantie des droits n'est pas assurée, ni la séparation des pouvoirs déterminée, n'a point de constitution ; la constitution est nulle, si la majorité des individus qui composent la Nation, n'a pas coopéré à sa rédaction.

ARTICLE 17.

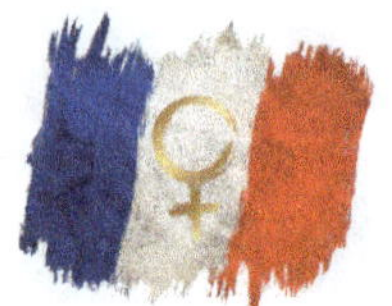

Les propriétés sont à tous les sexes réunis ou séparés : elles ont pour chacun un droit lorsque la nécessité publique, légalement constatée, l'exige évidemment, et sous la condition d'une juste et préalable indemnité.

POSTAMBULE

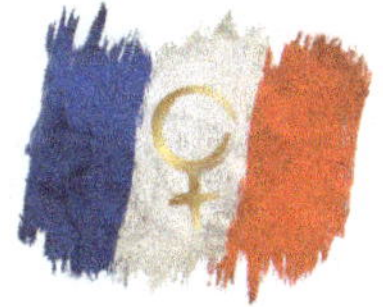

Femme, réveille-toi ; le tocsin de la raison se fait entendre dans tout l'univers ; reconnais tes droits. Le puissant empire de la nature n'est plus environné de préjugés, de fanatisme, de superstition et de mensonges. Le flambeau de la vérité a dissipé tous les nuages de la sottise et de l'usurpation. L'homme esclave a multiplié ses forces, a eu besoin de recourir aux tiennes pour briser ses fers. Devenu libre, il est devenu injuste envers sa compagne. Ô femmes ! Femmes, quand cesserez-vous d'être aveugles ? Quels sont les avantages que vous recueillis dans la révolution ? Un mépris plus marqué, un dédain plus signalé. Dans les siècles de corruption vous n'avez régné que sur la faiblesse des hommes. Votre empire est détruit ; que vous reste t-il donc ? La conviction des injustices de l'homme. La réclamation de votre patrimoine, fondée sur les sages décrets de la nature ; qu'auriez-vous à redouter pour une si belle entreprise ? Le bon mot du Législateur des noces de Cana ? Craignez-vous que nos Législateurs français, correcteurs de cette morale, longtemps accrochée aux branches de la politique, mais qui n'est plus de saison, ne vous répètent : femmes, qu'y a-t-il de commun entre vous et nous ? Tout, auriez-vous à répondre. S'ils s'obstinent, dans leur faiblesse, à mettre cette inconséquence en contradiction avec leurs principes ; opposez courageusement la force de la raison aux vaines prétentions de supériorité ; réunissez-vous sous les étendards de la philosophie ; déployez toute l'énergie de votre caractère, et vous verrez bientôt ces orgueilleux, non serviles adorateurs rampants à vos pieds, mais fiers de partager avec vous les trésors de l'Être Suprême. Quelles que soient les barrières que l'on vous oppose, il est en votre pouvoir de les affranchir ; vous n'avez qu'à le vouloir. Passons maintenant à l'effroyable tableau de ce que vous avez été dans la société ; et puisqu'il est question, en ce moment, d'une éducation nationale, voyons si nos sages Législateurs penseront sainement sur l'éducation des femmes.

Les femmes ont fait plus de mal que de bien. La contrainte et la dissimulation ont été leur partage. Ce que la force leur avait ravi, la ruse leur a rendu ; elles ont eu recours à toutes les ressources de leurs charmes, et le plus irréprochable ne leur résistait pas. Le poison, le fer, tout leur était soumis ; elles commandaient au crime comme à la vertu. Le gouvernement français, surtout, a dépendu, pendant des siècles, de l'administration nocturne des femmes ; le cabinet n'avait point de secret pour leur indiscrétion ; ambassade, commandement, ministère, présidence, pontificat, cardinalat ; enfin tout ce qui caractérise la sottise des hommes, profane et sacré, tout a été soumis à la cupidité et à l'ambition de ce sexe autrefois méprisable et respecté, et depuis la révolution, respectable et méprisé.

SUR L'ADMISSION DES FEMMES AU DROIT DE CITÉ

3 JUILLET 1790

DE NICOLAS DE CONDORCET

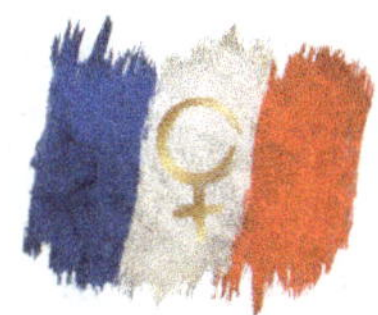

L'habitude peut familiariser les hommes avec la violation de leurs droits naturels, au point que parmi ceux qui les ont perdus personne ne songe à les réclamer, ne croie avoir éprouvé une injustice.

Il est même quelques-unes de ces violations qui ont échappé aux philosophes et aux législateurs, lorsqu'ils s'occupaient avec le plus de zèle d'établir les droits communs des individus de l'espèce humaine, et d'en faire le fondement unique des institutions politiques.

Par exemple, tous n'ont-ils pas violé le principe de l'égalité des droits, en privant tranquillement la moitié du genre humain de celui de concourir à la formation des lois, en excluant les femmes du droit de cité ? Est-il une plus forte preuve du pouvoir de l'habitude, même sur les hommes éclairés, que de voir invoquer le principe de l'égalité des droits en faveur de trois ou quatre cents hommes qu'un préjugé absurde en avait privés, et l'oublier à l'égard de douze millions de femmes ?

Pour que cette exclusion ne fût pas un acte de tyrannie, il faudrait ou prouver que les droits naturels des femmes ne sont pas absolument les mêmes que ceux des hommes, ou montrer qu'elles ne sont pas capables de les exercer.

Or, les droits des hommes résultent uniquement de ce qu'ils sont des êtres sensibles, susceptibles d'acquérir des idées morales, et de raisonner sur ces idées ; ainsi les femmes ayant ces mêmes qualités, ont nécessairement des droits égaux. Ou aucun individu de l'espèce humaine n'a de véritables droits, ou tous ont les mêmes ; et celui qui vote contre le droit d'un autre, quels que soient sa religion, sa couleur ou son sexe, a dès lors abjuré les siens.

Il serait difficile de prouver que les femmes sont incapables d'exercer les droits de cité. Pourquoi des êtres exposés à des grossesses, et à des indispositions passagères, ne pourraient-ils exercer des droits dont on n'a jamais imaginé de priver les gens qui ont la goutte tous les hivers, et qui s'enrhument aisément. En admettant dans les hommes une supériorité d'esprit qui ne soit pas la suite nécessaire de la différence d'éducation (ce qui n'est rien moins que prouvé, et ce qui devrait l'être, pour pouvoir, sans injustice, priver les femmes d'un droit naturel), cette supériorité ne peut consister qu'en deux points. On dit qu'aucune femme n'a fait de découverte importante dans les sciences, n'a donné de preuves de génie dans les arts, dans les lettres, etc. ; mais sans doute, on ne prétendra point n'accorder le droit de cité qu'aux seuls hommes de génie. On ajoute qu'aucune femme n'a la même étendue de connaissances, la même force de raison que certains hommes ; mais qu'en résulte-t-il, qu'excepté une classe peu nombreuse d'hommes très-éclairés, l'égalité est entière entre les femmes et le reste des hommes ; que cette petite classe, mise à part, l'infériorité et la supériorité se partagent également entre les deux sexes. Or puisqu'il serait complètement absurde de borner à cette classe supérieure le droit de cité, et la capacité d'être chargé des fonctions publiques, pourquoi en exclurait-on les femmes, plutôt que ceux des hommes qui sont inférieurs à un grand nombre de femmes ?

Enfin, dira-t-on qu'il y ait dans l'esprit ou dans le cœur des femmes quelques qualités qui doivent les exclure de la jouissance de leurs droits naturels ?

Interrogeons d'abord les faits. Élisabeth d'Angleterre, Marie Thérèse, les deux Catherine de Russie, ont prouvé que ce n'était ni la force d'âme, ni le courage d'esprit qui manquaient aux femmes.

Élisabeth avait toutes les petitesses des femmes ; ont-elles fait plus de torts à son règne que les petitesses des hommes à celui de son père ou de son successeur. Les amants de quelques impératrices ont-ils exercé une influence plus dangereuse que celle des maîtresses de Louis XIV, de Louis XV, ou même de Henri IV ?

Croit-on que Mistriss Macaulai n'eût pas mieux opiné dans la chambre des communes que beaucoup de représentants de la nation britannique ? N'aurait-elle pas, en traitant la question de la liberté de conscience, montré des principes plus élevés que ceux de Pitt, et une raison plus forte ? Quoique aussi enthousiaste de la liberté que M. Burke peut l'être de la tyrannie, aurait-elle, en défendant la constitution française, approché de l'absurde et dégoûtant galimatias par lequel ce célèbre rhétoricien vient de le combattre ? Les droits des citoyens n'auraient-ils pas été mieux défendus en France aux États de 1614 par la fille adoptive de Montaigne que par le conseiller Courtin, qui croyait aux sortilèges et aux vertus occultes ? La princesse des Ursins ne valait-elle pas un peu mieux que Chamillard ? Croit-on que la marquise du Châtelet n'eût pas fait une dépêche aussi bien que M. Rouillé ? Madame de Lambert aurait-elle fait des lois aussi absurdes et aussi barbares que celles du garde des sceaux d'Armenonville contre les protestants, les voleurs domestiques, les contrebandiers et les nègres ? En jetant les yeux sur la liste de ceux qui les ont gouvernés, les hommes n'ont pas le droit d'être si fiers.

Les femmes sont supérieures aux hommes dans les vertus douces et domestiques ; elles savent, comme les hommes, aimer la liberté, quoiqu'elles n'en partagent point tous les avantages ; et dans les républiques, on les a vues souvent se sacrifier pour elle ; elles ont montré les vertus de citoyen toutes les fois que le hasard ou les troubles civils les ont amenées sur une scène dont l'orgueil et la tyrannie des hommes les ont écartées chez tous les peuples.

On a dit que les femmes, malgré beaucoup d'esprit, de sagacité, et la faculté de raisonner portée au même degré que de subtils dialecticiens, n'étaient jamais conduites par ce qu'on appelle la raison.

Cette observation est fausse : elles ne sont pas conduites, il est vrai, par la raison des hommes, mais elles le sont par la leur. Leurs intérêts n'étant pas les mêmes par la faute des lois, les mêmes choses n'ayant point pour elles la même importance que pour nous, elles peuvent, sans manquer à la raison, se déterminer par d'autres principes et tendre à un but différent. Il est aussi raisonnable à une femme de s'occuper des agréments de sa figure, qu'il l'était à Démosthène de soigner sa voix et ses gestes. On a dit que les femmes, quoique meilleures que les hommes, plus douces, plus sensibles, moins sujettes aux vices qui tiennent à l'égoïsme et à la dureté du cœur, n'avoient pas proprement le sentiment de la justice, qu'elles obéissaient plutôt à leur sentiment qu'à leur conscience. Cette observation est plus vraie, mais elle ne prouve rien : ce n'est pas la nature, c'est l'éducation, c'est l'existence sociale qui cause cette différence. Ni l'une ni l'autre n'ont accoutumé les femmes à l'idée de ce qui est juste, mais à celle de ce qui est honnête. Éloignées des affaires, de tout ce qui se décide d'après la justice rigoureuse, d'après des lois positives, les choses dont elles s'occupent, sur lesquelles elles agissent, sont précisément celles qui se règlent par l'honnêteté naturelle et par le sentiment. Il est donc injuste d'alléguer, pour continuer de refuser aux femmes la jouissance de leurs droits naturels, des motifs qui n'ont une sorte de réalité que parce qu'elles ne jouissent pas de ces droits.

Si on admettait contre les femmes des raisons semblables, il faudrait aussi priver du droit de cité la partie du peuple qui, vouée à des travaux sans relâche, ne peut ni acquérir des lumières ni exercer sa raison, et bientôt de proche en proche on ne permettrait d'être citoyens qu'aux hommes qui ont fait un cours de droit public. Si on admet de tels principes, il faut, par une conséquence nécessaire, renoncer à toute constitution libre. Les diverses aristocraties n'ont eu que de semblables prétextes pour fondement ou pour excuse ; l'étymologie même de ce mot en est la preuve. On ne peut alléguer la dépendance où les femmes sont de leurs maris, puisqu'il serait possible de détruire en même temps cette tyrannie de la loi civile, et que jamais une injustice ne peut être un motif légitime d'en commettre une autre.

Il ne reste donc que deux objections à discuter. À la vérité, elles n'opposent à l'admission des femmes au droit de cité que des motifs d'utilité, motifs qui ne peuvent contrebalancer un véritable droit. La maxime contraire a été trop souvent le prétexte et l'excuse des tyrans ; c'est au nom de l'utilité que le commerce et l'industrie gémissent dans les chaînes, et que l'Africain reste dévoué à l'esclavage ; c'est au nom de l'utilité publique qu'on remplissait la bastille ; qu'on instituait des censeurs de livres, qu'on tenait la procédure secrète, qu'on donnait la question. Cependant nous discuterons ces objections, pour ne rien laisser sans réponse.

On aurait à craindre, dit-on, l'influence des femmes sur les hommes.

Nous répondrons d'abord que cette influence, comme

toute autre, est bien plus à redouter dans le secret que dans une discussion publique ; que celle qui peut être particulière aux femmes y perdrait d'autant plus, que, si elle s'étend au-delà d'un seul individu, elle ne peut être durable dès qu'elle est connue. D'ailleurs comme jusqu'ici les femmes n'ont été admises dans aucun pays à une égalité absolue, comme leur empire n'en a pas moins existé partout, et que plus les femmes ont été avilies par les lois plus il a été dangereux, il ne paraît pas qu'on doive avoir beaucoup de confiance à ce remède. N'est-il pas vraisemblable au contraire que cet empire diminuerait si les femmes avoient moins d'intérêt à le conserver, s'il cessait d'être pour elle le seul moyen de se défendre et d'échapper à l'oppression.

Si la politesse ne permet pas à la plupart des hommes de soutenir leur opinion contre une femme dans la société, cette politesse tient beaucoup à l'orgueil ; on cède une victoire sans conséquence ; la défaite n'humilie point parce qu'on la regarde comme volontaire. Croit-on sérieusement qu'il en fût de même dans une discussion publique sur un objet important ? La politesse empêche-t-elle de plaider contre une femme ?

Mais, dira-t-on, ce changement serait contraire à l'utilité générale, parce qu'il écarterait les femmes des soins que la nature semble leur avoir réservés ?

Cette objection ne me parait pas bien fondée. Quelque constitution que l'on établisse, il est certain que dans l'état actuel de la civilisation des nations européennes, il n'y aura jamais qu'un très-petit nombre de citoyens qui puissent s'occuper des affaires publiques. On n'arracherait pas les femmes à leur ménage plus que l'on n'arrache les laboureurs à leurs charrues, les artisans à leurs ateliers. Dans les classes plus riches nous ne voyons nulle part les femmes se livrer aux soins domestiques d'une manière assez continue pour craindre de les en distraire, et une occupation sérieuse les en détournerait beaucoup moins que les goûts futiles auxquels l'oisiveté et la mauvaise éducation les condamnent. La cause principale de cette crainte est l'idée que tout homme admis à jouir des droits de cité ne pense plus qu'à gouverner ; ce qui peut être vrai jusqu'à un certain point dans le moment où une constitution s'établit, mais ce mouvement ne saurait être durable. Ainsi il ne faut pas croire que parce que les femmes pourraient être membres des assemblées nationales elles abandonneraient sur-le-champ leurs enfants, leur ménage, leur aiguille. Elles n'en seraient que plus propres à élever leurs enfants, à former des hommes. Il est naturel que la femme allaite ses enfants, qu'elle soigne leurs premières années ; attachée à sa maison par ces soins, plus faible que l'homme il est naturel encore qu'elle mène une vie plus retirée, plus domestique. Les femmes seraient donc dans la même classe que les hommes, obligés par leur état à des soins de quelques heures. Ce peut être un motif de ne pas les préférer dans les élections, mais ce ne peut être le fondement d'une exclusion légale. La galanterie perdrait à ce changement, mais les mœurs domestiques gagneraient par cette égalité comme par toute autre.

Jusqu'ici, tous les peuples connus ont eu des mœurs ou féroces ou corrompues. Je ne connais d'exception qu'en faveur des Américains des États-Unis qui sont répandus en petit nombre sur un grand territoire. Jusqu'ici, chez tous les peuples, l'inégalité légale a existé entre les hommes et les femmes ; et il ne serait pas difficile de prouver que dans ces deux phénomènes, également généraux, le second est une des principales causes du premier ; car l'inégalité introduit nécessairement la corruption, et en est la source la plus commune, si même elle n'est pas la seule.

Je demande maintenant qu'on daigne réfuter ces raisons autrement que par des plaisanteries et des déclamations ; que surtout on me montre entre les hommes et les femmes, une différence naturelle qui puisse légitimement fonder l'exclusion d'un droit.

L'égalité des droits établie entre les hommes, dans notre nouvelle constitution, nous a valu d'éloquentes déclamations et d'intarissables plaisanteries ; mais, jusqu'ici, personne n'a encore pu y opposer une seule raison, et ce n'est sûrement ni faute de talent, ni faute de zèle. J'ose croire qu'il en sera de même de l'égalité des droits entre les deux sexes.

Il est assez singulier que dans un grand nombre de pays on ait cru les femmes incapables de toute fonction publique, et dignes de la royauté ; qu'en France une femme ait pu être régente, et que jusqu'en 1776 elle ne pût être marchande de modes à Paris* ; qu'enfin, dans les assemblées électives de nos bailliages, on ait accordé au droit du fief, ce qu'on refusait au droit de la nature. Plusieurs de nos députés nobles doivent à des dames, l'honneur de siéger parmi les représentants de la nation. Pourquoi, au lieu d'ôter ce droit aux femmes propriétaires de fiefs, ne pas l'étendre à toutes celles qui ont des propriétés qui sont chefs de maison ? Pourquoi, si l'on trouve absurde d'exercer, par procureur, le droit de cité, enlever ce droit aux femmes, plutôt que de leur laisser la liberté de l'exercer en personne ?

---

* Avant la suppression des jurandes en 1776, les femmes ne pouvaient acquérir la maîtrise de marchandes de modes et de quelques autres des professions qu'elles exercent, si elles n'étaient mariées, ou si un homme ne leur prêtait ou ne leur vendait son nom, pour acquérir un privilège. Voyez le préambule de l'édit de 1776.

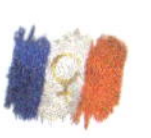

Credits : www.canva.com ; Alicia Éditions

Signature https://fr.wikipedia.org/wiki/Olympe_de_Gouges#/media/Fichier:OlympeGougesSignature.jpg

ISBN E-BOOK : 9782384554645

ISBN BROCHÉ : 9782384554652

www.ingramcontent.com/pod-product-compliance
Lightning Source LLC
LaVergne TN
LVHW010007230826
846092LV00002B/699
9782384554652